DES

PARTIS POLITIQUES.

DE CE QU'ILS VEULENT. — DE CE QU'ILS FONT.

DES SUITES DE LEUR CONDUITE.

PAR

M. LECERF,

Professeur honoraire à la Faculté de Droit de Caen.

CAEN

LIBRAIRIE DE E. POISSON, IMPRIMEUR

RUE FROIDE, 18.

1850

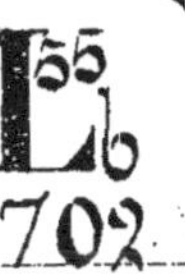

DES

PARTIS POLITIQUES.

CAEN. — IMP. E. POISSON, RUE FROIDE, 18.

DES
PARTIS POLITIQUES.

DE CE QU'ILS VEULENT.—DE CE QU'ILS FONT.

DES SUITES DE LEUR CONDUITE.

PAR

M. LECERF,

PROFESSEUR HONORAIRE A LA FACULTÉ DE DROIT DE CAEN.

CAEN

LIBRAIRIE DE E. POISSON, IMPRIMEUR,
Rue Froide, 18.

1850

INTRODUCTION.

Le territoire de la France est assez étendu pour le nombre de ses habitants, et elle est loin d'éprouver les dangers ou les craintes d'une population trop considérable. Sa position géographique est excellente et favorable à toutes les productions qui contribuent à conserver la vie et la santé de l'homme. Son sol est fertile et en général bien cultivé. Ses habitants, heureusement doués de capacités physiques et morales, font fleurir son agriculture, son industrie, son commerce, ses sciences et ses arts. Le courage de ses citoyens a porté sa gloire militaire au plus haut degré qu'il soit possible de concevoir, et il suffit pour la protéger contre toute entreprise étrangère et pour lui assurer, dans le monde entier, la prépondérance et l'autorité qui lui appartiennent.

Cependant, malgré ces avantages immenses et beaucoup d'autres qu'il est inutile d'énoncer, avantages qui sembleraient devoir offrir des gages assurés du bonheur et de la prospérité publique et privée , l'état actuel de la France est bien loin d'être satisfaisant. Partout règnent le malaise et la crainte. Personne n'est content de sa position, et tout le monde redoute une situation encore plus mauvaise. Une partie des citoyens semble se mettre en opposition et s'établir en état d'hostilité contre une autre partie. On s'aborde avec défiance, on se provoque avec injures et avec menaces, on s'attaque avec violence; on semble vouloir se détruire et s'anéantir réciproquement, et l'on marche ainsi vers la ruine et la destruction générale.

D'où vient cet état malheureux et déplorable, et qui, si ses causes continuent d'exister, s'aggravera de jour en jour jusqu'à la catastrophe finale?

Est-il possible de combattre ces causes avec succès?

Quels seraient les moyens que l'on pourrait employer pour les arrêter et pour les détruire?

Telles sont les questions graves qui se présentent nécessairement à l'esprit de tout bon citoyen qui voit et apprécie les dangers dont son pays est menacé.

Mais il ne suffit pas d'apercevoir ces questions ; il ne suffit pas de s'effrayer de la difficulté qu'elles présentent et de s'arrêter devant cette difficulté ; il ne suffit pas de s'attrister sur les malheurs présents et sur les malheurs futurs, de se couvrir la tête de son manteau et de se résigner.

Il faut, au contraire, examiner toutes ces questions, qui sont des questions de vie ou de mort pour l'Etat, les examiner avec ardeur et avec persévérance, les résoudre dans sa pensée, et alors même que la solution que l'on aurait trouvée ne paraîtrait pas absolue et infaillible, il faut la proclamer hautement, la publier et la faire connaître à tous les citoyens, en appelant leur examen, en provoquant leur réflexion, en attendant leur jugement et en les forçant ainsi en quelque sorte à rechercher eux-mêmes des solutions et des propositions qui puissent être favorables et propices, et qui, s'il en existe, sortiront nécessairement de ce concours général de toutes les intelligences.

Voilà ce que je regarde comme un devoir absolu imposé à tout homme dont le cœur n'est pas sourd et ne reste pas froid aux mots et aux idées de religion, de morale et de patrie, et voilà ce que j'essaie d'accomplir.

La réflexion et la raison ne me permettant pas d'attribuer l'état où se trouve la France à la position géographique de son sol ni à sa constitution physique, j'ai conclu de là que c'était dans ses habitants qu'il fallait en chercher les causes. Ne pouvant pas davantage trouver ces causes dans la constitution physique des Français, qui sont aptes à toute espèce de travaux du corps et de l'intelligence, j'ai encore conclu de là que c'était sur l'esprit dont ils sont animés, et sur la direction que cet esprit donne à leurs travaux intellectuels et matériels, qu'il fallait porter mon attention.

Ayant restreint à l'esprit qui anime et conduit les hommes le cercle de mes recherches, j'ai dû me demander quelle disposition de cet esprit pouvait contenir la cause pernicieuse du mal. Je n'ai pu la trouver dans l'ignorance, dans le défaut de culture, dans la barbarie, dans la méchanceté ni dans la perversité de l'esprit. Ce ne sont pas là les caractères de l'esprit humain en général; ce ne sont pas non plus les caractères spéciaux de l'esprit français.

Je n'ai pu encore la trouver dans l'égoïsme, qui fait préférer et sacrifier à l'intérêt personnel l'intérêt général et l'intérêt particulier des autres; car il est évident pour tous que l'intérêt personnel de chacun, à peu d'exceptions près, souffre beaucoup de l'état où nous sommes et craint encore plus de l'état qui doit suivre.

C'est donc dans l'erreur où les citoyens sont conduits par des illusions qui les frappent et qui les trompent, que l'on doit trouver le germe des maux que l'on veut combattre, et ces illusions proviennent de l'esprit de parti que les dissensions politiques ont fait naître et ont entretenu parmi nous depuis plus de soixante années ; esprit de passion, esprit d'erreur, esprit d'injustice, esprit de violence, esprit de destruction.

Voilà où m'ont conduit définitivement mes réflexions par des déductions qui me paraissent logiques et pour ainsi dire mathématiques.

Après avoir ainsi reconnu que l'esprit de parti était la cause du mal, j'ai cherché à connaître quels sont les partis actuellement existant en France, quels sont leurs désirs et leurs prétentions, quelles sont leurs actions, quelles conséquences elles ont ou peuvent avoir sur le sort de la France et de ses habitants. Je crois l'avois découvert, et je vais le dire.

Je crois aussi savoir ce qu'il faudrait faire pour éviter les malheurs dont l'esprit de parti couvre et menace la France ; et je vais le dire également.

Dans mes recherches et dans mon travail je n'ai été animé d'aucune haine, d'aucune vengeance, d'aucun mauvais vouloir, non-seulement contre aucun parti, mais encore contre aucun citoyen. Je n'ai pas non plus été guidé par l'intérêt personnel : j'arrive à la fin de ma carrière, je ne demande, ni ne pourrais remplir aucune place, ni aucune fonction publique. J'ai cru que je pourrais rendre service à mon pays en appelant l'attention de mes concitoyens sur des faits qui me paraissent intéresser en même temps et également tous les

Français, et je crois remplir un devoir en le faisant. Je n'imputerai à personne des intentions coupables ou criminelles ; je crois que, sauf un très-petit nombre, tous ceux qui agissent dans un sens funeste pour eux et pour la nation, agissent sous l'influence de l'erreur que produit l'esprit de parti. Je désire combattre cette influence, je cherche à détruire cette erreur : ce n'est pas par l'injure, par la calomnie, ni même par les reproches ou les récriminations que j'espère réussir. Le mal fait est accompli : il ne s'agit pas de revenir sur le passé qui ne nous appartient plus : on ne doit y porter ses regards que pour y chercher les enseignements de l'expérience. Il s'agit de s'occuper du présent et de l'avenir, et c'est sur eux que je vais appeller l'attention en examinant dans sept chapitres successifs :

1° Ce que sont les partis et ce que c'est que l'esprit de parti ;

2° Combien il existe de partis en France, et quels sont ces partis ;

3° Ce que veulent ou ce que désirent les partis ;

4° Ce que font les partis ;

5° Les conséquences qui résultent de la conduite des partis ;

6° Pourquoi les suites ou les conséquences de la conduite des partis ne répondent pas à leurs désirs ;

7° Enfin par quels moyens on pourrait éviter ces conséquences ou bien y remédier.

DES

PARTIS POLITIQUES.

CHAPITRE Ier.

CE QUE SONT LES PARTIS, ET CE QUE C'EST QUE L'ESPRIT DE PARTI.

On appelle, en général, *Parti*, l'union de plusieurs personnes contre d'autres personnes, afin de leur résister ou de les combattre ; ou bien encore on appelle *Parti*, l'union de plusieurs personnes pour faire réussir une entreprise qu'elles croient utile ou avantageuse. Ainsi, dans notre première révolution on nommait *Parti Royaliste* la réunion de ceux qui voulaient conserver la monarchie, et l'on nommait *Parti Républicain* la réunion de ceux qui voulaient établir le gouvernement Républicain. Ainsi encore, dans une assemblée délibérante, on appelle *Parti de la Paix* la réunion de ceux qui désirent la conserver, et l'on appelle *Parti de la Guerre* la réunion de ceux qui désirent la voir se déclarer.

Cette réunion des citoyens n'a rien en elle-même de repréhensible, et lorsque le but qu'on se propose est utile ou même inoffensif, elle est louable et souvent profitable : elle produit les bons effets de l'association à l'aide de laquelle on exécute des choses que chaque associé n'eût pu faire isolément.

Mais quand des partis se forment dans des intérêts opposés ; quand ils se constituent pour s'attaquer réciproquement, pour se combattre, même pour se détruire, il est évident qu'alors ils établissent des oppositions, des conflits, des combats et des guerres intestines qui sont toujours dangereuses pour les Etats où elles viennent à naître et à se manifester.

La formation et l'existence des partis deviennent bien plus funestes et bien plus dangereuses encore par les conditions de pensées, de volonté et d'action que l'on exige de ceux qui veulent y entrer, conditions qui constituent ce que l'on appelle l'*Esprit de Parti*.

Si l'on a usé de sa volonté et de son libre arbitre pour entrer dans un parti, il faut y renoncer aussitôt que l'on y est engagé pour se soumettre aveuglément à la décision et à la volonté de la majorité de ceux qui composent le parti, ou de ceux qui en sont les chefs ou les directeurs. Il faut faire abnégation complète de tous sentiments personnels de famille, d'amitié, de liaisons : il faut recevoir la consigne et le commandement, et les exécuter sans examen et sans discussion. Les partis deviennent des armées soumises aux ordres et à la direction de ceux qui les commandent.

Lorsque l'on a fait ainsi abnégation de son jugement et de sa volonté, on arrive promptement à se regarder comme n'étant plus responsable de ses actions, puisqu'elles sont la conséquence d'impulsions, de volontés et d'ordres étrangers, et l'on accomplit de

sang-froid des actes qui auraient soulevé , terrifié et révolté la conscience s'il avait fallu les concevoir soi-même, les juger, les adopter
et enfin les exécuter avec la conviction et la crainte de sa responsabilité.

Dans les réunions qui ont lieu entre ceux qui composent les partis , rien ne se fait avec le calme et la réflexion qui sont indispen-
sables pour prendre une résolution juste, sage et prudente ; tout ,
au contraire, est soumis à la passion et à la précipitation.

Il n'est pas nécessaire de donner ici plus de développement aux
conséquences funestes de la formation des partis. Je serai forcé d'y
revenir dans la suite de cet écrit, et d'ailleurs nous avons tous, chaque jour, sous les yeux leurs effets et leurs conséquences, nous pouvons tous juger s'ils ne produisent pas les erreurs , les injustices, les
violences et les maux dont j'ai déjà accusé leur *esprit*, esprit qui
vient se substituer à l'esprit particulier de chacun des membres du
parti.

Après avoir ainsi donné une idée des partis et de l'esprit qui les
anime, je dois rechercher combien il existe de partis en France, et
quels sont ces partis.

CHAPITRE II.

COMBIEN EXISTE-T-IL DE PARTIS EN FRANCE, ET QUELS SONT CES PARTIS.

Si je voulais rechercher les diverses opinions politiques qui existent en France, et faire de chaque opinion un parti, le nombre en serait bien considérable, s'il était même possible de le compter avec exactitude : chaque parti se trouverait réduit à un bien petit nombre de citoyens, et alors il deviendrait bien peu dangereux. Il faut donc, pour arriver à un résultat sur lequel on puisse discuter et raisonner, grouper ces opinions et les rattacher à quelques partis principaux qui annoncent un but déterminé et qui prennent une dénomination spéciale.

Considérés sous le rapport du gouvernement qu'ils désirent, les partis sont au nombre de quatre, savoir : le Parti Légitimiste, qui désire la Restauration de la branche aînée des Bourbons ; le Parti Orléaniste, que l'on appelle aussi le Parti Conservateur, qui désire le rétablissement de la famille d'Orléans ; le Parti Impérialiste ou Bonapartiste, qui désire le rétablissement de l'empire ; enfin le Parti Républicain qui désire que la France reste en République.

J'appellerai ces quatre partis : *Partis de Gouvernement.*

Considérés sous le rapport de l'organisation sociale et des fondements de la société et de la civilisation, on ne peut distinguer que deux partis qui sont : le Parti Socialiste, qui veut changer les bases actuelles de la société, et le Parti de l'Ordre qui veut conserver ces bases.

J'appellerai ces deux partis : *Partis d'Ordre social.*

Des quatre partis de gouvernement, trois, qui sont : le Parti Légitimiste, le Parti Orléaniste et le Parti Impérialiste, sont dans le Parti de l'Ordre et de la Conservation des bases actuelles de la société : un seul, le Parti Républicain, compose le Parti Socialiste ; mais tous les Républicains n'en font point partie. Beaucoup parmi eux proclament qu'ils veulent aussi respecter les principes sur lesquels la société repose actuellement.

Il existe bien dans chacun des partis que je viens de signaler des nuances assez graves sur des questions qui intéressent l'ordre social, telles que celles qui se rattachent à la religion, à l'instruction publique, au vote universel ou restreint, à l'assiette de l'impôt en général, mais toutes ces nuances se rattachent à des questions qui, bien qu'importantes, se trouvent cependant secondaires et soumises à la question de gouvernement et à la question d'ordre social.

Je ne vais donc m'occuper que de ces deux dernières divisions, en recherchant, dans le chapitre suivant, ce que veulent ou ce que désirent les partis.

CHAPITRE III.

CE QUE VEULENT ET CE QUE DÉSIRENT LES PARTIS.

Chacun des quatre partis, que j'appelle Partis dé Gouvernement, déclare et proclame qu'il ne veut et qu'il ne désire que la prospérité, l'honneur et la gloire de la France, et le bonheur de tous les Français.

Les deux partis, que j'appelle Partis d'Ordre social, disent également que l'objet de leurs vœux et de leurs désirs, est le bonheur général et particulier.

Mais si tous sont unanimes dans le but qu'ils avouent, ils diffèrent dans les institutions qu'ils regardent comme les conditions nécessaires pour atteindre ce but.

Le Parti Légitimiste dit que depuis que l'on a méprisé et violé le principe de la légitimité, rien n'a plus été reconnu ni respecté en France, et que ce n'est qu'en revenant à ce principe et en plaçant sur le trône monarchique de la France l'héritier légitime de la branche aînée des Bourbons que l'on pourra trouver enfin la stabilité et le repos après lesquels tout le monde aspire.

Le Parti Orléaniste, tout en reconnaissant que l'hérédité est le meilleur mode de transmission du pouvoir exécutif ou régnant, méconnaît que le principe de la légitimité soit absolument nécessaire pour protéger et conserver le Gouvernement. Il en donne pour preuve que deux fois ce principe a été violé dans la suite des anciens roi de France, sans que la monarchie en reçût la plus légère atteinte ni le moindre dommage, et il ajoute que la branche aînée des Bourbons ayant été depuis 1789 trois fois expulsée du trône et deux fois restaurée inutilement, une troisième restauration ne pourrait être acceptée par la majorité des Français, ni durer assez pour ramener et conserver le repos et la stabilité dans le Gouvernement. Il conclut de là que c'est le rétablissement de la Charte constitutionnelle de 1830 et de la maison d'Orléans, appelée au trône par suite de cette Charte, qui peut ramener l'ordre et la paix au milieu de nous.

Les Bonapartistes disent que les noms de roi et de royauté ont été proscrits pour jamais dans la première Révolution française ; que le gouvernement républicain a révolté tous les esprits et tous les cœurs par les excès auxquels il s'est livré en 1793 et pendant les années suivantes ; que les noms d'empire français, d'empereur et de Napoléon réveillent chez tout le monde des idées de gloire, de force, d'autorité morale et physique, de succès et de sécurité qui peuvent seuls dissiper les craintes, ramener l'espérance et la confiance, et terminer ainsi l'ère des révolutions.

Les Républicains, enfin, disent que le temps des rois et des empereurs est passé ; que les espèces de gouvernements qui les admettent dégénèrent toujours, plus ou moins vite, en tyrannie exercée par les rois ou les empereurs sur les citoyens qu'ils cherchent à asservir et à opprimer ; que c'est au peuple seul qu'il faut confier le soin de se protéger et de se défendre pendant la paix et pendant la guerre ;

et que par conséquent c'est le gouvernement républicain et en même temps démocratique qui peut seul faire le bonheur de la France.

Quant aux deux partis que j'appelle Partis d'Ordre social, les Socialistes disent que tous les maux qui affligent l'humanité en général, et les Français en particulier, viennent des bases vicieuses sur lesquelles la société a été fondée et a reposé jusqu'à présent ; ils veulent renverser ces bases et avec elles la société, et ils veulent la reconstituer sur un autre plan. Mais quand il s'agit de déterminer et de faire connaître ce plan nouveau, le Parti Socialiste se divise en une assez grande quantité de fractions dont les unes veulent la communauté universelle ; les autres l'organisation du travail ; d'autres l'anéantissement de la propriété, la suppression de l'hérédité, l'abolition du capital, la création de banques populaires, etc., etc.

Le Parti de l'Ordre dit qu'il désire conserver la société telle qu'elle existe maintenant ; qu'il faut respecter la famille, la propriété, le capital, la liberté de l'industrie et du commerce, sauf les modifications que chacune de ces choses peut admettre ; qu'il faut en un mot améliorer et conserver, mais qu'il ne faut ni renverser ni détruire.

Voilà le but que les partis avouent, voilà les désirs qu'ils manifestent, voilà les institutions qu'ils proclament seules capables d'atteindre ce but et d'accomplir ces désirs. Jusque-là tout est en théorie, mais pour arriver à la mise en œuvre et à la pratique, il faut faire quelque chose.

Je vais tâcher dans le chapitre suivant de découvrir et de faire connaître ce que les partis font pour réaliser leurs projets.

CHAPITRE IV.

Les divers partis que j'ai signalés , et dont je veux chercher maintenant la conduite et les actions , ne viennent pas de naître et ne se sont pas formés seulement depuis la Révolution de février 1848 ; ils existaient, pour la majeure partie, avant notre première Révolution ; ils ont agi sous les douze gouvernements qui se sont succédé depuis ; ils ont contribué à renverser et à détruire les uns. à créer ou modifier les autres. Leur conduite et leurs actes ont nécessairement exercé une grande influence sur les événements dans lesquels ils ont figuré. Or , comme je ne cherche pas à connaître seulement la conduite que chaque parti tient aujourd'hui, mais que je veux aussi connaître et apprécier les effets et les conséquences de cette conduite sur notre sort actuel et futur, je suis forcé de porter un regard rétrospectif sur ce qui s'est passé dans notre pays depuis cinquante ou soixante ans, afin d'y trouver les leçons de l'expérience. Je proteste donc de nouveau contre tout soupçon et contre toute accusation de vains reproches et de récriminations inutiles. Je ne veux incriminer personne, je ne veux accuser personne, je sup-

pose toutes les intentions bonnes et honnêtes. Je respecte ces intentions ; mais je crois qu'il y a eu erreur grave , je crois que cette
erreur se perpétue et existe encore ; je cherche à la détruire ; je
cherche à y substituer la vérité ; ma conduite est donc forcée , et
de plus elle est loyale, et personne ne peut raisonnablement la blâ-
mer.

C'est donc avec l'indépendance que donne une conscience pure
que je vais appeler l'attention sur les actions passées et sur les actions présentes des partis. Je commencerai par les partis de gouvernement , et je m'occuperai ensuite des partis d'ordre social.

Lorsque les Etats-généraux de 1789 furent convoqués, le Parti Légitimiste se composait, sous le nom de royalistes ou d'aristocrates,
de tous ceux qui voulaient conserver la royauté et l'hérédité du
trône. Il était fort nombreux , mais il se divisa bientôt . et ses diverses fractions agirent d'une manière différente.

Les uns, voyant non-seulement la royauté menacée, mais encore
la propriété et la personne des royalistes attaquées et poursuivies,
pensèrent qu'ils ne pouvaient trouver dans le pays aucun remède à
ces malheurs, et ils allèrent le chercher dans les pays étrangers. Ils
émigrèrent, espérant par là sauver leur vie et ensuite rentrer en
France pour sauver également leurs propriétés et la royauté. Les
autres restèrent en France, où ils espéraient trouver quelques moyens
de salut pour eux et pour le trône.

Après le 21 janvier 1793, les royalistes levèrent dans la Vendée
le drapeau de la résistance et de la guerre civile. Ils espéraient et
attendaient de l'appui et des secours de ceux qui avaient passé dans
les pays étrangers et des étrangers eux-mêmes.

Cet état de chose dura jusqu'au 18 brumaire de l'an 8 ; mais,
après cette époque, le gouvernement consulaire pacifia la Vendée,

rétablit le culte et le clergé, amnistia les émigrés, et ramena ainsi dans la France l'ordre et la tranquillité.

Une grande partie de ceux qui étaient connus sous le nom de royalistes ou d'aristocrates se rallia franchement au gouvernement ; mais une autre partie ne le fit pas : elle resta attachée de cœur et d'esprit à la famille déchue du trône, et fit tous ses efforts pour préparer et réaliser son retour. A leurs yeux, le roi légitime était Louis XVIII, et la République, le Consulat et l'Empire ne furent que des gouvernements usurpateurs. Ce parti , qui fut connu alors sous le nom de Parti Royaliste et qui depuis s'est appelé Parti Légitimiste, ne cessa de refuser son adhésion et son concours au Gouvernement français, ni de lui faire une guerre sourde , mais persévérante.

Lorsqu'en 1814, les armées françaises furent vaincues et détruites, bien plus par la rigueur des saisons et le défaut de vivres que par les armes des ennemis, le Parti Légitimiste s'entendit et se concerta avec les chefs des armées étrangères pour exiger l'abdication de l'Empereur, la chute de l'Empire et le rétablissement en France de la royauté et de la famille des Bourbons. Ce fut alors que Louis XVIII octroya la Charte constitutionnelle, à laquelle il donna la date de l'an 19e de son règne.

Pendant les Cent-Jours qui suivirent le retour de Napoléon de l'île d'Elbe, les Légitimistes restèrent attachés au roi, et, après la seconde abdication de l'Empereur et son départ pour l'île Ste-Hélène, ils entourèrent le trône restauré pour la seconde fois, ils occupèrent les principales fonctions dans l'État, ils dirigèrent et aidèrent le gouvernement de Louis XVIII et celui de son successeur Charles X. On arriva ainsi jusqu'aux ordonnances de juillet 1830.

Pour obtenir la clarté et la précision que je désire principalement dans un écrit dont le but unique est de parler à la raison de tous les Français et de soumettre à leur jugement des faits et les conséquences de ces faits, je crois devoir arrêter ici l'exposé des actes du Parti Légitimiste, et conduire au même point les actes des trois autres Partis de Gouvernement, parce que c'est principalement la conduite de ces partis entre la Révolution de juillet 1830 et la Révolution de février 1848, qui a amené cette dernière et produit l'état où nous sommes aujourd'hui.

Le Parti Orléaniste n'existait pas avant le 7 août 1830, puisque la maison d'Orléans n'avait pas été appelée au trône; mais ceux qui, depuis, ont formé ce parti, existaient et étaient connus sous le nom de libéraux; c'étaient tous ceux qui, partisans d'une monarchie constitutionnelle, et redoutant l'état républicain, étaient cependant mécontents de la manière dont le gouvernement était conduit; ceux qui craignaient pour l'avenir; ceux qui ne croyaient pas à la nécessité de maintenir le principe de la légitimité; ceux enfin qui ne voyaient pas une simple interruption dans le gouvernement depuis la mort de Louis XVI ou de Louis XVII jusqu'au retour de Louis XVIII, mais qui croyaient qu'en 1792 la royauté avait cessé de régner en France; que le gouvernement directorial, le gouvernement consulaire et le gouvernement impérial avaient successivement existés comme gouvernements de fait et gouvernements réguliers, et que le gouvernement de Louis XVIII, avec sa charte, avait été le commencement d'un nouveau gouvernement et non pas la restauration du gouvernement de 1789 ou 1791.

Une partie de ces personnes avaient fait de l'opposition au gouvernement de Louis XVIII et à celui de Charles X. Une autre partie n'avait pas agi directement contre eux, mais ne les avait pas appuyés. —En un mot, le parti qui s'était rattaché à la branche d'Orléans n'existant pas constitué en corps de parti, on ne pourrait trouver que des actes personnels et isolés ; mais ces actes n'entrent point dans l'examen des conséquences de l'esprit de parti proprement dit, conséquences que je cherche exclusivement à mettre sous les yeux de tous ceux qui me liront.

Le Parti Bonapartiste a pris naissance sous Napoléon ; mais il ne s'est montré comme parti et il n'a agi comme tel qu'après la chute de l'empire et la restauration de la royauté. Jusqu'à la Révolution de 1830, le Parti Bonapartiste s'est montré l'ennemi du gouvernement royal. Quelques-uns des membres de ce parti, sans l'attaquer ouvertement, lui refusaient toute espèce d'appui, toute espèce de concours ; d'autres l'attaquaient par leurs paroles ou par leurs écrits ; d'autres enfin conspiraient ouvertement contre lui et l'attaquaient réellement par leurs complots et par leurs actes.

Le Parti Républicain existait avant 1789. Après avoir renversé l'ancienne monarchie et fondé la république, il fit tous ses efforts pour la consolider, la défendre et la maintenir. Dans ces efforts, il ne fut pas scrupuleux pour choisir les moyens de les rendre utiles. C'est à lui que l'on doit les lois de proscription et les actes de violence qui ont ensanglanté les premières années de la République. Lorsque la Constitution de l'an III vint apporter quelques changements heureux dans l'état de la France, le Parti Républicain se divisa, la plus grande partie s'adoucit ; mais plusieurs persistèrent dans l'aveuglement qui leur faisait penser que la terreur était le seul moyen efficace de maintenir et de conserver le gouvernement républicain.

. Sous le consulat temporaire, sous le consulat à vie et sous l'empire, le nombre des partisans d'une république et surtout d'une république démocratique diminua encore. Il resta cependant un certain nombre de républicains, se disant purs, qui ne se rallièrent jamais à ces divers gouvernements, qui conspirèrent contre eux et qui cherchèrent toujours à les renverser. A ces républicains purs se joignirent bien quelquefois des membres du Parti Royaliste ou Légitimiste, mais c'était seulement pour renverser l'obstacle que les gouvernements qui existaient opposaient à leurs projets respectifs.

Sous la Restauration, le nombre des membres du Parti Républicain augmenta considérablement. Non-seulement ils refusèrent leur appui au Gouvernement, mais ils ne cessèrent de l'attaquer de toutes manières, par leurs paroles, par leurs écrits et même par des actions hostiles.

Le Parti Républicain alla plus loin ; il tendit la main au Parti Bonapartiste et l'appela à son aide, et l'on vit alors le spectacle extraordinaire de gens qui réclamaient les libertés les plus absolues pour les paroles, pour les écrits, pour la presse, pour l'instruction, pour les réunions publiques, pour les associations de toute espèce, s'unir et faire cause commune avec les partisans du régime impérial, sous lequel toutes ces libertés avaient été strictement restreintes et comprimées : on vit fraterniser ensemble les partisans du despotisme militaire avec les partisans de la république démocratique. A la vérité c'était pour attaquer et détruire le gouvernement existant que cette union était formée, avec l'arrière-pensée de s'attaquer ensuite réciproquement et de s'établir seul sur les ruines que l'on aurait faites.

Ce fut l'exemple funeste de partis opposés qui s'unissent pour anéantir un autre parti, avec la volonté formelle de détruire ensuite celui avec lequel on fut un moment allié.

Ainsi, en 1830, le Parti Royaliste ou Légitimiste avait le pouvoir,

les places et les emplois. Le Parti Républicain et le Parti Bonapartiste agissaient ensemble contre le Gouvernement ; ils l'attaquaient
et unissaient leurs efforts pour le renverser. Le Parti Orléaniste
n'existait pas, au moins à l'état de parti et ostensiblement. Si quelques personnes songeaient à la branche cadette et désiraient la
mettre sur le trône, le nombre en était très-faible, et, sans vouloir
examiner à fond cette question, je dirai seulement que je crois que
la Révolution de juillet 1830 fut faite par le Parti Républicain et le
Parti Bonapartiste ; que le Parti Républicain, qui était le plus fort
et le plus actif, aurait proclamé la République ; mais qu'il en fut
empêché par la réunion spontanée de tous les partisans d'un gouvernement monarchique et constitutionnel, qui désiraient seulement
une exécution franche et complète de la Charte ; qui ne cherchaient
pas à détruire le Gouvernement, mais seulement à le ramener à
cette exécution ; qui redoutaient et repoussaient le gouvernement
républicain, et qui adoptèrent avec empressement la nouvelle dynastie qui se présentait en jurant d'exécuter une Charte que les
deux chambres législatives venaient de voter.

C'est alors que se forma et se montra le parti qui devait soutenir la nouvelle monarchie, que l'on nomma le Parti Conservateur,
et que l'on nomme aujourd'hui le Parti Orléaniste.

Le Parti Républicain et le Parti Bonapartiste, malgré le mauvais
succès de leurs desseins, ne se déclarèrent pas vaincus définitivement.

Le Parti Légitimiste se releva et s'organisa avec plus de force et
d'énergie qu'il ne l'eût encore fait.

Voyons maintenant comment ces quatre partis ont agi pendant le
règne du roi Louis-Philippe.

Les Légitimistes commencèrent par s'éloigner complétement du nouveau gouvernement. Beaucoup de ceux qui avaient des places inamovibles refusèrent de prêter le serment de fidélité au roi des Français et d'obéissance à la Charte constitutionnelle et aux droits du royaume,et par suite de ce refus perdirent leurs emplois. Beaucoup donnèrent spontanément leur démission. Presque tous ne se présentèrent pas aux élections, en alléguant que pour voter il fallait prêter un serment qui blessait leur conscience. Ils se trouvèrent ainsi éloignés de tous les emplois civils et militaires.

Le Parti Légitimiste ne s'en tint pas à cette guerre d'abstention , il voulut réorganiser la résistance armée et l'attaque, et l'on vit des commencements d'insurrection et de guerre civile dans les départements de l'Ouest.

L'insurrection n'eut pas de suites. Le refus du serment ne se perpétua pas ; mais les attaques par les paroles et par les écrits, soit dans les journaux, soit dans des brochures, soit dans des ouvrages plus considérables, s'organisèrent et se continuèrent avec activité et persévérance.

A l'exemple de ce qu'avaient fait sous la Restauration les Républicains et les Bonapartistes, les Légitimistes et les Républicains firent des alliances pour porter à la chambre des députés , dans les conseils-généraux, dans les conseils d'arrondissement et dans les conseils municipaux , des membres de l'opposition de droite ou de l'opposition de gauche.

En un mot, le Parti Légitimiste n'a cessé, depuis la Révolution de 1830, de faire tout ce qui était en son pouvoir pour arriver à une troisième restauration.

Le Parti Bonapartiste se rapprocha plus facilement du Gouvernement de juillet et lui fut beaucoup moins hostile. Je crois même que l'on peut dire qu'il se rallia, à bien peu d'exceptions près, à la nouvelle monarchie, et qu'il ne fît contre elle aucune tentative réellement dangereuse.

Il n'en fut pas de même du Parti Républicain. L'exemple d'une dynastie renversée lui donna l'espoir de renverser celle qui l'avait remplacée. Il ne se borna pas aux attaques incessantes par ses paroles, par ses écrits, par ses journaux : il continua à organiser des sociétés secrètes ; il les multiplia et les étendit ; il organisa l'émeute et la sédition ; il descendit dans la rue, et il fallut employer la force pour résister à ses attaques ; il propagea toutes les doctrines socialistes ou communistes ; il chercha à les faire pénétrer dans toutes les parties de la population ; enfin il fit souvent, comme nous l'avons déjà dit, alliance avec le Parti Légitimiste pour obtenir des nominations hostiles au Gouvernement.

Quant au Parti Conservateur ou Orléaniste, il ne chercha point à détruire le Gouvernement ; mais je dirai, parce que je crois que cela est vrai, qu'il ne fit pas, pour le défendre et pour le soutenir, ce qu'il aurait dû faire. Les membres de ce parti mirent trop souvent la personnalité et l'égoïsme à la place du véritable patriotisme et du dévoûment au pays. Ils furent trop souvent portés à un esprit d'envie et de jalousie contre ceux qui occupaient les emplois. Le parti se divisa et par conséquent s'affaiblit. Il fit aussi une guerre dangereuse au Gouvernement, non pas avec le désir de le renverser, mais seulement avec le désir d'obtenir des places, des emplois et des honneurs ; mais cette guerre, jointe à la guerre que lui faisaient les autres partis, devenus de plus en plus unis, serrés et compactes, devint bien dangereuse et bien nuisible.

Enfin une attaque qui semblait provoquée par l'opposition qui se qualifiait de dynastique, et qui voulaient conserver la monarchie et le roi, eut lieu contre cette monarchie, contre le roi et contre les deux chambres. A cette attaque se joignirent évidemment les Républicains : on soupçonne aussi quelques Légitimistes de s'y être joints. Le trône fut renversé, les chambres furent dissoutes, le Gouvernement provisoire fut établi et la République fut proclamée.

L'Assemblée nationale et constituante, produit du suffrage universel, et seule autorité alors existant dans l'Etat, fut composée d'hommes de tous les partis ; mais, par des circonstances que je ne veux pas examiner ici, la majorité fut ou se montra favorable au gouvernement républicain ; elle fit la Constitution du 4 novembre 1848, par laquelle elle déclara la France constituée en République démocratique, une et indivisible.

L'Assemblée Législative, nommée aussi par le suffrage universel, contient également des membres des quatre partis que j'ai nommés Partis de Gouvernement. Nous y voyons des Légitimistes, des Orléanistes, des Bonapartistes et des Républicains.

Ces quatre partis, avec leurs nuances diverses, existent dans le pays comme dans la chambre: Voyons encore ce qu'ils ont fait depuis la proclamation de la République et ce qu'ils font aujourd'hui.

Le Parti Légitimiste paraît divisé en deux fractions, dont l'une fait des efforts pour appeler la nation entière à délibérer sur la question de savoir si l'on rétablira sur-le-champ la monarchie et si l'on appellera Henri V au trône, et dont l'autre ne juge pas que le moment soit encore favorable, mais pense que l'on doit attendre. Tout le parti d'ailleurs s'entend et s'accorde pour appeler dans toutes les fonctions publiques le plus grand nombre possible de Légitimistes.

Le Parti Orléaniste ne manifeste guère par ses paroles, ni par ses écrits, le désir d'appeler au trône le comte de Paris , ou tout autre membre de la famille d'Orléans, mais il ne donne pas non plus adhésion pleine et entière à la République, ni surtout à ceux qui, sous le nom de **Parti Républicain**, s'en montrent les plus chauds partisans. Ce parti paraît temporiser et attendre.

Le **Parti Bonapartiste** ne manifeste ni dans ses discours, ni dans ses écrits, ni même par ses actions le désir de rétablir l'empire et d'appeler au trône impérial un des parents de Napoléon ; mais il paraît rechercher avec soin tous ceux qui ont eu quelques relations avec l'empire ou qui peuvent en avoir conservé de précieux souvenirs, et il montre pour eux beaucoup d'égards et de prévenances.

Le **Parti Républicain**, non-seulement se montre dans ses paroles et dans ses écrits partisan exclusif de la République, mais de plus il accuse les trois autres partis, il les appelle Réactionnaires, il leur impute de ne vouloir qu'un Roi ou qu'un Empereur, et de ne travailler qu'à une contre-révolution. Il cherche à faire des prosélytes dans la nation et dans l'armée, et il emploie pour réussir des moyens dont je vais avoir occasion de parler tout-à-l'heure.

Les quatre Partis ont leurs journaux qui font connaître leurs désirs et leurs actions. Les journaux du Parti Légitimiste et du Parti Républicain les proclament hautement et sans aucune dissimulation. Les journaux des deux autres partis ne les manifestent pas aussi ouvertement.

Voilà, je crois, l'aperçu sommaire mais exact des faits et des actions des quatre partis considérés sous le rapport du gouvernement. Il faut maintenant les considérer sous le rapport social.

Sous le rapport de l'organisation de la société, il y a sans doute un assez grand nombre d'opinions et de prétentions différentes que l'on pourrait peut-être considérer comme autant de partis ; mais il serait difficile de les distinguer les uns des autres d'une manière nette et précise. Je vais donc, comme je l'ai dit dans le chapitre second, les rattacher à deux partis principaux. L'un, que j'appelle Parti Socialiste, veut changer plus ou moins l'ordre social actuel. Il veut réformer la société, en renverser les bases principales et leur en substituer de nouvelles. L'autre, que j'appelle le Parti de l'Ordre, veut conserver toutes les bases et tous les principes sur lesquels la société et la civilisation actuelles reposent, sauf à les améliorer dans les limites du possible et sans rien renverser ni détruire de fond en comble.

Je rappelle encore que le Parti Socialiste ne comprend que des Républicains, mais ne les comprend pas tous, à beaucoup près, et que le Parti de l'Ordre comprend la totalité des trois autres partis de gouvernement, c'est-à-dire les Légitimistes, les Orléanistes et les Bonapartistes.

Voyons maintenant ce que font ces deux partis.

Le Parti Socialiste, partant de la supposition que tout est mal dans la société, et que ce mal vient de l'organisation qu'elle a reçue depuis long-temps et qu'elle conserve encore, veut changer cette organisation, et, pour y parvenir, il reproduit d'anciens systèmes de réformation, il en invente de nouveaux et il cherche à les propager dans les catégories de citoyens qu'il croit les plus faciles à convaincre ou à déterminer. Il cherche à opposer les pauvres aux riches en flattant les premiers d'espérances qui, quoique chimériques, sont souvent accueillies par l'homme qui souffre et par l'homme qui envie le sort des autres. Après s'être adressé aux ouvriers des villes, il agit maintenant sur les habitants des campagnes, il cherche aussi à agir sur l'armée. C'est par la composition et la distribution d'écrits à bon marché, c'est par une propagande ou prédication orale qu'il répand ses maximes ; c'est même en employant encore plusieurs autres moyens que tout le monde peut voir et connaître, soit par ses propres yeux, soit par la lecture des journaux.

Le Parti Socialiste ne se borne pas à faire de la propagande, il agit aussi par la menace, dans les journaux et à la tribune de la chambre; il agit encore par les démonstrations publiques, par l'émeute et par les armes : on en a vu des exemples à Paris, à Lyon, à Rouen, à Toulouse et dans plusieurs autres villes.

Le zèle du Parti Socialiste est infatigable; il marche et agit sans cesse; il marche avec ardeur et avec persévérance; aucun de ses membres ne reste inactif, tous s'efforcent d'arriver au but proposé.

Le Parti de l'Ordre est bien loin d'être aussi entreprenant et aussi actif. Il n'attaque pas, il se borne à défendre; mais il ne le fait pas avec autant de zèle, avec autant de force, avec autant de persévérance que le Parti Socialiste en met dans l'attaque. Divisé dans ses vues et dans ses désirs de gouvernement, il **se trouve aussi quelquefois divisé dans ses actions politiques comme dans ses écrits. Ainsi on a vu la nuance d'opinion d'un candidat**, soit à la chambre législative, soit dans d'autres fonctions électives, causer l'abstention des électeurs du Parti de l'Ordre, ou bien amener la division de leurs votes, et faire réussir par là un candidat socialiste, qui était loin d'avoir la majorité absolue des votes exprimés.

Au surplus, les actions des deux partis dont je parle sont bien connues; elles sont publiques, elles sont permanentes, et c'est d'ailleurs à tous les membres de ces deux partis, qui embrassent la totalité des Français, que je m'adresse; c'est eux que je cherche à convaincre des vérités qui me sont démontrées. Ils connaissent sans doute leurs actions, et je n'ai pas besoin de les rappeler davantage, mais ils n'ont pas assez réfléchi sur les suites et sur les conséquen-

ces de ces actions; ils n'ont pas aperçu les malheurs qui les accompagnent et qui les suivent. C'est sur ces suites et sur ces conséquences que je m'empresse d'appeler l'attention de mes lec-
teurs.

CHAPITRE V.

DES CONSÉQUENCES QUI RÉSULTENT DE LA CONDUITE DES PARTIS.

Jusqu'à présent la conduite et les actions des partis ont eu des suites et ont produit des effets opposés à leurs projets et à leurs désirs, tels qu'ils les annonçaient et tels que je crois qu'ils existaient réellement, et ces effets ont presque toujours été malheureux et funestes.

En rappelant les événements que je vais produire pour appuyer cette proposition, je ne prétends pas du tout les imputer aux partis, et surtout aux partis pris en masse. Je ne prétends pas non plus que la conduite des partis ait été la cause directe et immédiate ou même la seule cause de ces événements. Je veux seulement dire que les événements ont suivi la conduite, et engager ainsi à examiner si une conduite différente ne pourrait pas amener d'autres résultats.

En 1789, le parti qui s'appelait le parti patriote et qui ne recherchait que la réforme des abus, après avoir fait la Constitution de 1791, créa l'Assemblée législative qui, après avoir *aboli* la royauté, forma la Convention nationale, qui elle-même établit le régime de la Terreur dont tout le monde connaît la terrible histoire.

Je vais parcourir , à partir de cette époque, les événements qui ont suivi la conduite des quatre partis que j'ai désignés sous le nom de Partis de Gouvernement.

Le Parti Royaliste ou Légitimiste organisa la guerre étrangère avec l'armée de Condé et la guerre civile par la révolte de la Vendée, et il en résulta la destruction de plusieurs de nos départements de l'Ouest, la ruine de la plus grande partie de ceux qui avaient émigré, et la mort de plusieurs millions de Français.

Sous le gouvernement directorial, les efforts du Parti Légitimiste pour rétablir la royauté et Louis XVIII, eurent pour suite les proscriptions du 18 fructidor ; les persécutions particulières d'un grand nombre de personnes ; l'aliment ou le renouvellement de la guerre civile dans l'Ouest ; la loi qui ordonnait de détenir comme ôtages les parents des émigrés et des nobles dans les communes où l'on exerçait des brigandages et où l'on commettait des assassinats.

Sous le Consulat et l'Empire, la conduite du même parti fut suivie de quelques conspirations contre Napoléon et de plusieurs mesures de sévérité contre le Parti Légitimiste. Elle contribua encore beaucoup à propager l'esprit de haîne ou au moins d'indifférence pour l'Empereur, esprit qui favorisa l'invasion des étrangers, leur occupation avec toutes ses suites financières , et la destruction de l'empire.

Sous la Restauration, le gouvernement des Légitimistes eut pour suites les ordonnances et la Révolution de 1830.

Sous la monarchie constitutionnelle de Louis-Philippe, la guerre plus ou moins sourde, plus ou moins apparente que les Légitimistes ont faite à cette monarchie, et le refus général et constant de leur concours et de leur appui, ont été suivis de la Révolution de février 1848 et de la proclamation de la République.

Enfin les désirs et les projets du Parti Légitimiste à l'égard de la branche aînée des Bourbons, manifestés depuis la Révolution de février plus ou moins hautement, et par un plus ou moins grand nombre des membres de ce parti , leurs écrits et leurs actions , ont eu pour suites l'élection du 10 mars dernier, celle du 28 avril, les progrès du socialisme, et l'état où nous voyons la France.

Est-ce là ce que désirait le Parti Légitimiste ? Je suis bien intimement convaincu de la négative. Mais en même temps je vois, avec tous ceux qui ne veulent pas fermer les yeux , ce qui est arrivé , et je redoute ce qui peut arriver encore.

La conduite du Parti Conservateur ou Orléaniste, pendant les 18 années de la durée du règne de Louis-Philippe, l'esprit de personnalité et d'égoïsme dont ses membres se sont montrés animés, leurs haînes, leurs envies, leur indifférence, leur légèreté, leurs divisions ont été suivies de la Révolution de 1848 , et, depuis cette révolution, leur indécision, leur négligence et leurs vacillations ont été suivies de l'état où nous sommes et des craintes qu'il inspire.

Ce n'était certainement pas là ce qu'attendait et ce que désirait ce parti.

Le Parti Bonapartiste n'a pas obtenu des résultats plus satisfaisants de sa conduite sous la Restauration et sous le règne de Louis-Philippe, de ses bouderies, de ses conspirations, de ses alliances avec le Parti Républicain. Il a vu comme les autres partis l'établissement de la République, dont l'Empereur était un des ennemis les plus implacables ; il voit et il redoute comme eux l'état actuel de la France et l'état qui doit survenir.

Enfin le Parti Républicain ne se montre pas plus satisfait de l'état où se trouve le pays. Il se plaint de tout, il attaque tout : le Gouvernement lui est suspect, il accuse la Chambre d'être réactionnaire ; sa conduite et ses actions n'ont donc pas été suivies des résultats qu'il désirait et qu'il espérait.

Quant aux deux partis que j'ai nommés Partis d'Ordre social, voici quels ont été les suites de leur conduite et de leurs actions jusqu'à présent.

La France, divisée en deux grandes fractions, dont l'une est composée de ceux qui possèdent des propriétés foncières ou mobilières, et l'autre de ceux qui ne possèdent que la faculté de travailler ; l'animosité, la haîne et la défiance excitées sans cesse et journellement fomentées et propagées entre ces deux fractions ; le mépris et la haîne de toute espèce de pouvoir et d'autorité ; le mépris ou la haîne de toute espèce de loi conservatrice ou répressive ; l'attaque incessante contre le Gouvernement, la Chambre, les administrations et les citoyens eux-mêmes par les paroles et par les écrits ; les menaces de toute nature et sous toutes les formes ; les tentatives sur l'armée pour la détourner de la discipline et de ses devoirs ; enfin le péril évident de la société tout entière menacée de ruine et de destruction.

Je me demande encore : Est-ce là ce que désirent les deux partis ou même l'un d'eux? Et je réponds encore avec une profonde conviction : Non, ce n'est pas là ce qu'aucun parti, pris en masse, désire, ce n'est pas là ce qu'il veut.

Comment se fait-il donc que les faits qui suivent la conduite des partis répondent si peu à leurs désirs et à leurs espérances? Voilà ce que je vais rechercher dans le chapitre suivant.

CHAPITRE VI.

Lorsqu'une personne raisonnable se décide à exécuter une entreprise quelconque qu'elle a conçue et méditée, et qu'elle la conduit
avec prudence et avec sagesse, cette entreprise réussit ordinairement suivant les désirs de son auteur, à moins que quelques événements fortuits et imprévus ne viennent y mettre obstacle.

Lorsqu'une société se forme pour exécuter une chose qui n'eût
pu se faire par des individus travaillant isolément, cette exécution
répond encore le plus ordinairement, d'une manière plus ou moins
complète, aux vœux de ceux qui se sont associés pour l'accomplir.

Lorsqu'une administration entreprend, dans les limites de son
pouvoir et de ses attributions, de faire quelques changements, quelques innovations, quelques améliorations dans l'établissement
qu'elle administre, il est rare qu'elle ne réussisse pas dans cette
entreprise.

Lorsqu'un gouvernement stable, et appuyé sur le concours de la
majorité des citoyens, entreprend quelque chose dans l'intérêt de la

Nation, il est encore assez rare qu'il ne réussisse pas, sinon complétement, au moins d'une manière satisfaisante.

Pourquoi, dans les divers cas que je viens d'énumérer, les suites et les conséquences des actions faites dans un but déterminé répondent-elles aux désirs de ceux qui cherchent à atteindre ce but? Le voici :

D'abord, l'entreprise a été conçue dans l'intérêt réel et vrai de la personne, de la société, de l'établissement ou de la nation, soit que cet intérêt portât sur une chose nécessaire, ou sur une chose utile, ou sur une chose de simple agrément.

En second lieu, l'on a réfléchi sur les difficultés que pouvait présenter l'entreprise et sur les moyens de les vaincre, et l'on n'a commencé à l'exécuter qu'après s'être assuré que la chose n'était pas impossible ni même d'une trop grande difficulté.

L'on n'a ensuite rencontré, dans l'exécution, aucune espèce d'opposition de la part de ceux qui accomplissaient les actes nécessaires.

Enfin on n'a rencontré aucune opposition étrangère, dont le but fût de paralyser l'entreprise ou d'en faire une qui lui fût contraire et qui, par conséquent, fût incompatible avec elle.

Ces conditions essentielles pour la réussite d'un projet ou d'une entreprise se trouvent-elles dans tout ce qu'entreprennent et tout ce que font les partis? Voilà ce qu'il faut maintenant examiner, et je crois que l'examen ne sera ni long ni difficile.

Arrêtons d'abord notre attention sur la manière dont se forment les partis et sur les éléments dont ils se composent.

Parmi les causes de la formation des partis, il en existe qui ne sont point blâmables en elles-mêmes, il en existe qui sont répréhensibles, il en existe qui sont coupables et criminelles.

Dans les premières, l'on trouve les différences d'opinion sur les moyens d'arriver au bonheur et à la prospérité de l'État et des citoyens ; le défaut de connaissances sur les institutions publiques et sur les lois qui existent, sur celles qu'il faudrait modifier ou sur celles qu'il faudrait introduire, et, par suite, les erreurs dans lesquelles on tombe nécessairement sur toutes ces choses ; le malaise d'un grand nombre de citoyens, qui leur fait désirer un changement, sans savoir du tout ce qu'ils désirent mettre à la place de ce qu'ils veulent renverser.

Dans les causes répréhensibles se placent l'intérêt personnel de ceux qui, tout en désirant le bien général, ne veulent cependant jamais lui sacrifier aucun de leurs intérêts particuliers : la vanité, l'orgueil, l'envie et plusieurs autres passions mauvaises et dangereuses, qui portent souvent à désirer le renversement des choses ou des personnes pour y en substituer d'autres.

Enfin les causes coupables et criminelles sont l'ambition et l'audace de quelques hommes qui, désirant s'emparer de l'autorité, afin de l'exercer dans leur seul intérêt, trompent et séduisent d'autres hommes dont ils veulent faire des instruments et des moyens d'action pour eux-mêmes et pour eux seuls.

Quant aux éléments dont se composent les partis, ils sont de deux espèces : la première comprend ceux qui cherchent à les former dans leur intérêt personnel ; la seconde comprend ceux que l'on s'efforce d'appeler et de faire entrer dans les partis, non pas du tout dans leur intérêt ni pour leur bonheur, mais uniquement pour aider pendant l'action, sauf à les repousser ensuite ou à les dominer.

Consultons maintenant le bons sens et la raison sur la manière dont les partis, formés et composés comme je viens de le dire, peu=

vent accomplir les conditions nécessaires à la réussite des projets et des entreprises qu'ils forment.

Ce n'est pas évidemment dans l'intérêt général de la nation qu'un parti formé par erreur ou par ignorance sur la position réelle du pays, sur les lois et sur les institutions ; qu'un parti formé par suite des besoins et des souffrances éprouvées par plusieurs personnes ; qu'un parti formé par l'intérêt personnel qui ne veut rien concéder ; qu'un parti formé par l'orgueil, la vanité, l'envie ou toute autre mauvaise passion ; qu'un parti formé par l'ambition et l'audace, peuvent jamais concevoir un plan, ni méditer une entreprise. Ce n'est pas non plus dans cet intérêt général ni même dans l'intérêt personnel de tous ses membres, qu'un parti composé d'un petit nombre d'ambitieux, d'envieux et d'orgueilleux, et d'un nombre bien plus grand de gens trompés et séduits, peut rien concevoir et rien entreprendre.

Ce n'est pas davantage dans les partis que l'on peut trouver l'examen, la réflexion et la délibération nécessaires sur les difficultés que peut présenter l'entreprise, sur ses suites et sur ses conséquences. Pour accomplir cette condition préalable, il faut du calme, de la sagesse et de la prévoyance, et l'esprit qui anime les partis est bien loin de réunir ces qualités. C'est au contraire un esprit d'erreur, d'aveuglement, d'abnégation de son discernement, de sa raison, de sa volonté et de sa responsabilité personnelle. Lorsque l'on est entré dans un parti, on n'agit plus que sous la direction bonne ou mauvaise, juste ou injuste, innocente ou criminelle des chefs ou des meneurs du parti. On n'agit plus qu'avec passion et violence ; on ne songe plus guère qu'à attaquer et à détruire.

Ces déplorables caractères de l'esprit de parti, qui vient se mettre à la place de l'esprit individuel de chacun des membres qui le

composent, sont d'une vérité si certaine et si frappante ; qu'elle en
est devenue en quelque sorte proverbiale , et qu'elle a été prise
comme définition par le *Dictionnaire de l'Académie* dans lequel nous
lisons, au mot *parti*, les paroles suivantes :

« On appelle *homme de parti* celui qui se montre crédule et pas-
« sionné pour tout ce qui intéresse son parti, et l'on appelle *esprit
de parti* la disposition d'esprit qui le rend tel. *Il faut se défier
de tout homme de parti. L'esprit de parti altère tous ses juge-
« ments et ses récits.* »

Est-ce avec cet esprit que les partis peuvent consulter la sagesse
et la prudence, entendre leur voix et suivre leurs prescriptions avant
de former une entreprise et d'en poursuivre l'exécution ?

Les partis ne peuvent pas non plus poursuivre avec ensemble et
persévérance l'exécution de ce qu'ils ont conçu et entrepris. Soit
qu'ils aient été formés dans l'intérêt d'un seul ou de plusieurs seulement, tous ceux qu'il a fallu tromper et séduire pour renforcer le
parti et pour lui donner quelque consistance n'ont pas et ne peuvent
même pas avoir une opinion définitivement arrêtée et fixée ; ils dé-
couvrent souvent la fausseté des promesses qu'on leur a faites ; ils
forment eux-mêmes d'autres plans que ceux qu'on leur présente ;
ils deviennent exigeants, ils se montrent rebelles aux ordres qu'ils
reçoivent, ils ne les exécutent pas ou ils les exécutent mal. Et comme
tous les partis sont formés en dehors des lois et de toutes les autorité reconnues dans un gouvernement , et même presque toujours
contre ces lois et contre ces autorités, il n'est pas possible d'y avoir
recours pour vaincre les résistances , ou pour repousser les aggres-
sions qui surgissent infailliblement, et qui viennent produire des
actes et des effets complétement opposés à ceux que l'on désirait
et que l'on attendait.

Enfin les partis rencontrent de toutes parts au dehors des oppositions de toute nature qui viennent mettre des obstacles à leurs
entreprises.

Ils trouvent d'abord le gouvernement qu'ils veulent toujours renverser ou qu'ils prétendent au moins modifier d'une manière plus
ou moins radicale.

Ils trouvent les partisans du gouvernement, qui craignent plus
ou moins les changements et les bouleversements.

Ils trouvent d'autres partis qui, eux aussi, se forment avec
d'autres prétentions, d'autres volontés et d'autres auxiliaires.

Est-il étonnant que les partis voient ainsi échouer leurs projets
et avorter leurs entreprises? N'est-il pas au contraire évident que,
par la nature même des partis, de leur formation, de leur composition et de leurs actions, ces entreprises et ces projets ne peuvent jamais réussir.

J'ai montré par l'expérience que les suites et les conséquences
des actions des partis ne répondaient jamais à leurs projets et à
leurs désirs; j'ai prouvé par le raisonnement qu'il devait toujours
en être ainsi; il me reste à dire, dans mon septième et dernier chapitre, par quels moyens je crois qu'il est possible d'éviter les
malheurs dont l'existence actuelle des partis menace la France.

CHAPITRE VII.

COMMENT PEUT-ON ÉVITER LES FUNESTES CONSÉQUENCES DONT LA CONDUITE DES PARTIS MENACE LE PAYS?

Si j'ai réussi à prouver, et si l'on reconnaît que c'est à l'existence des partis, à l'esprit qui les anime et aux actions que cet esprit leur inspire que l'on doit attribuer les maux que la France éprouve et ceux qu'elle redoute, on doit conclure de là, suivant toutes les règles de la logique et de la raison, qu'en cessant de se diviser ainsi en partis, qu'en cessant d'agir par esprit de parti et dans l'intérêt d'un parti, mais en agissant au contraire par esprit national et dans l'intérêt national, on ferait disparaître à l'instant même les malheurs qui nous affligent et l'on s'assurerait un avenir de bonheur et de prospérité.

Mais il ne suffit pas d'appuyer une proposition sur une conséquence logique pour la présenter comme remède à un mal quelconque, il faut encore que cette proposition offre à faire une chose qui soit possible et qui même ne présente pas de trop grands obstacles à vaincre ni de trop grandes difficultés à surmonter.

Ainsi on se moquerait avec raison de celui qui dirait : La misère provient du défaut d'argent; il suffit donc, pour la détruire, de donner de l'argent à tous ceux qui en manquent. Cependant son raisonnement serait irréprochable.

Il faut donc examiner s'il est possible de détruire en France les partis, ou au moins d'en diminuer le nombre, et de modifier leur esprit et leurs actions.

Pour jouir des biens et des avantages que la société doit lui procurer, quels que soient sa position et son état, il est évident que tout Français a besoin que la France, sa patrie, soit conservée et qu'elle ait un gouvernement, des institutions et des lois pour assurer à chaque citoyen protection et sécurité pour sa personne et pour ses biens, pour sa vie, son honneur, sa liberté et sa propriété.

J'ai prouvé dans un précédent écrit que le gouvernement, bien loin d'avoir des intérêts différents de ceux de la nation, et bien loin d'être son ennemi, comme plusieurs personnes le pensent et comme un bien plus grand nombre le disent, était au contraire la personnification de la force de tous les citoyens, pour protéger chacun individuellement, et qu'au lieu d'être redouté ou méprisé, il devait être considéré comme une chose indispensablement nécessaire pour l'existence et la conservation de l'État. Je ne crois pas nécessaire de reproduire ici les preuves de cette vérité.

Pour conserver cette patrie, ce gouvernement, ces institutions et ces lois, il faut le concours de la majorité des citoyens, car la nation n'appartient pas au gouvernement, et il ne peut pas seul la garder, la protéger et la conserver avec tous ses habitants, comme le propriétaire d'un troupeau d'animaux est chargé de veiller et de pourvoir à la conservation de son troupeau. C'est le gouvernement qui appartient à la nation, comme une maison appartient à un individu pour le protéger contre l'intempérie des saisons; et le gouvernement a besoin pour subsister du concours et de l'appui des citoyens, comme la maison a besoin, pour ne pas tomber, des soins et des travaux du propriétaire.

Je dis donc à tous les citoyens : N'entrez jamais dans aucun parti avant d'avoir examiné avec la plus scrupuleuse attention s'il est formé dans l'intérêt de la nation tout entière et s'il est formé pour soutenir le gouvernement. Si ces deux conditions n'existent pas, refusez non-seulement d'y entrer, mais faites tous vos efforts pour empêcher d'autres citoyens de le faire.

Or, l'expérience du passé nous apprend que presque jamais les partis ne furent formés dans l'intérêt de l'État et pour appuyer son gouvernement; qu'ils le furent au contraire presque toujours pour attaquer et pour détruire le gouvernement et les institutions qui les gênent et les contrarient dans leurs projets, et ce que nous voyons aujourd'hui vient ajouter à cette expérience du passé.

Mais, me dira-t-on, vous voulez donc que personne ne s'occupe des choses publiques qui se rattachent aux intérêts généraux de la France, au gouvernement, à son esprit, à ses actions? Vous voulez donc qu'il n'y ait pas de vie politique?

Je ne veux rien de tout cela; je veux, au contraire, que tous les citoyens pensent toujours à la patrie, au gouvernement, aux institutions, aux lois et aux autorités; je veux même qu'ils agissent toutes les fois que l'occasion s'en présente; mais je veux qu'ils fassent toutes ces choses avec des conditions que je vais faire connaître.

Quelque soit le grief qu'un citoyen ait à reprocher au gouvernement ou à l'administration ; quelque soit la disposition législative qu'il ait envie d'abroger, de changer, de modifier ou d'introduire, il doit agir dans les termes et dans les limites de la Constitution et des lois et jamais par la force ou par la violence personnelle ou collective.

Que ceux qui désirent que la Constitution soit changée ou modifiée nomment à l'Assemblée législative des représentants qui penseront comme eux et qui demanderont la révision de l'acte constitutionnel.

Que ceux qui, sans vouloir changer la Constitution, désirent des améliorations dans quelques-unes de nos institutions ou de nos lois, formulent leurs idées ; qu'ils usent des nombreux moyens de publicité que nous possédons pour les porter à la connaissance de nos législateurs et de tous leurs concitoyens, et qu'ils les livrent ainsi à leur examen et à leurs méditations.

Que ceux qui désirent quelques changements dans le personnel des charges, des fonctions et des emplois, accomplissent toujours leurs devoirs d'électeurs en apportant leur bulletin dans tous les scrutins, et qu'ils engagent les autres à les imiter.

Que tous les citoyens se rendent dans les réunions préparatoires qui se forment légalement avant les élections, et que par leur présence et par leurs discours ils combattent et paralysent les efforts de ceux qui veulent tromper et séduire les masses.

Si nous étions sans lois, sans institutions, sans gouvernement, enfin dans l'anarchie, je concevrais la formation des partis pour sortir de cet état déplorable, car il n'y aurait aucun centre de réunion, aucun lien d'action commune, aucun ordre à respecter ou à suivre ; mais il n'en est pas ainsi. Nous avons un gouvernement ; nous avons une Constitution, des lois et des institutions ; nous avons des administrations, des tribunaux, une force publique, enfin tout ce qui peut assurer l'ordre et la paix. Faut-il donc, sous le prétexte d'améliorer l'état social, commencer par mépriser toutes ces garanties, et par se former en parti pour les attaquer et pour les détruire? Agir ainsi n'est-il pas le comble de la folie?

Il ne faut jamais oublier que les Français sont divisés en deux grands partis qui dominent tous les autres, le Parti Socialiste et le Parti de l'Ordre. Il n'y a point de place entre ces deux partis pour personne ; il faut que chaque citoyen fasse son choix ; il faut nécessairement conserver et améliorer, ou bien détruire et changer.

Je dis donc à tous ceux qui veulent marcher sous le drapeau de l'ordre et de la conservation : Commencez par abandonner pour le moment les projets que vous pouvez avoir sur la forme du gouvernement ou sur la personne qui doit en être chargée ; il faut s'unir franchement et cordialement contre le péril commun ; la force ne peut résulter que de cette union, et l'union ne peut exister sans la loyauté et la bonne foi.

Le gouvernement qui existe aujourd'hui est le seul point autour duquel il soit possible d'opérer cette réunion sans guerre civile et sans déchirements intérieurs.

Lors même que ce gouvernement ne plairait pas, lors même que l'on en désirerait un autre, il est impossible de céder maintenant à cette répugnance ou d'accomplir ce désir. Il faut avant tout échapper à l'anarchie et à la guerre civile, et la chute du gouvernement actuel appellerait infailliblement ces deux terribles fléaux sur la France.

D'ailleurs notre Constitution, nos lois et nos institutions peuvent être changées et améliorées suivant les besoins de l'état social, et elles portent écrits dans leur texte la possibilité et le mode d'opérer ces changements et ces améliorations. Est-ce donc demander une chose impossible aux hommes que de les supplier de se conformer à ces dispositions légales et pacifiques, au lieu de recourir à la formation des partis, à leurs erreurs, à leurs passions et à leurs violences ? Est-ce leur imposer une tâche trop difficile que de leur dire :

Remplissez avec une scrupuleuse exactitude tous les devoirs qui vous sont prescrits et auxquels vous êtes appelés par la Constitution et par les lois ; faites enfin tout ce qui sera en votre pouvoir pour éclairer, pour former et pour maintenir l'opinion publique, qui fait la force des Etats et de leurs gouvernements.

Voilà comment je pense que chaque citoyen peut s'occuper utilement des choses publiques ; voilà comment je comprends la vie politique ; voilà comment je désire de toutes les forces de mon âme que chaque citoyen agisse ; voilà comment je crois que l'on peut éviter les maux dont la France est menacée ; voilà comment je crois que l'on peut atteindre au bonheur et à la prospérité dont il est donné à l'homme de jouir sur la terre.

Est-ce ainsi qu'agissent les partis ? Je crois avoir démontré par le raisonnement que cela leur est impossible, alors même qu'ils le voudraient, et je crois également que les enseignements de l'expérience viennent appuyer ma démonstration.

Je dois répondre ici à une objection grave que l'on fait à ceux qui, comme moi, pensent que l'on ne doit pas renverser d'abord pour édifier ensuite, que l'on doit plutôt chercher à améliorer qu'à changer, et que le progrès, pour être vrai et durable, doit marcher lentement et avec précaution.

Vous voulez, nous dit-on, conserver ce qui existe, et vous n'admettez de changements qu'avec lenteur et sagesse, parce que votre position actuelle est heureuse ou au moins très-tolérable ; mais vous ne songez pas à ceux qui souffrent de la misère, à ceux dont la position est malheureuse ou intolérable. Ceux-là ne peuvent pas désirer la conservation de ce qui existe ; ceux-là ne peuvent pas attendre avec patience des améliorations éloignées et incertaines ; ceux-là sont poussés à agir à l'instant, et à agir avec la force et l'énergie que donne le besoin. Voici ma réponse à cette objection.

Je dis d'abord que le soulagement de ceux qui souffrent, que l'a-doucissement de toutes les misères, que la prévoyance contre les misères sont les premiers et les plus graves des devoirs imposés à tous ceux qui peuvent le faire, et que ces derniers existent aussi impérieux et aussi étendus dans l'état public et dans l'état privé actuels que dans tout autre état que l'on peut concevoir et désirer. J'ai tâché de prouver cette vérité dans un écrit que j'ai publié dernièrement sur *l'assistance et la prévoyance privées*, et j'ai dit par quels moyens je croyais possible d'organiser cette assistance et cette prévoyance de la manière la plus efficace, et de seconder ainsi nos législateurs qui s'occupent de *l'assistance et de la prévoyance publiques.*

Je dis ensuite que ce n'est pas dans les bouleversements, les destructions et les changements subits et radicaux que la classe, si digne d'intérêt, de ceux qui souffrent par suite de la misère, peut trouver un adoucissement à ses maux.

J'en appelle et j'en appellerai toujours sur ce point, comme sur tous ceux qui se rattachent aux intérêts sociaux, aux faits et à l'expérience. Les révolutions ont-elles jamais soulagé des malheurs et des besoins? Ont-elles prévenu des misères? N'ont-elles pas, au contraire, produit des calamités, des pertes et des ruines qui, frappant d'abord les classes riches ou aisées, ont promptement retombé sur les classes pauvres et nécessiteuses? Nous avons sous les yeux des événements récents qui viennent se joindre à ceux que nous offre l'histoire. Que l'on voie et que l'on prononce!

D'ailleurs, qu'offre-t-on donc pour remplacer ce qui existe, et par quels moyens fera-t-on disparaître tout-à-coup la misère? Ceux qui poussent à la destruction ont été mis en demeure depuis long-temps.

de le dire et de le faire connaître, et jusqu'à présent ils ont gardé le silence, ou bien ils n'ont proposé que des moyens dont la raison et le bon sens public ont fait prompte justice.

L'on ne s'est pas borné à faire une objection de l'existence des classes pauvres et nécessiteuses, les partis s'en font encore un moyen pour se créer des auxiliaires. Ils s'adressent à toutes les souffrances ; ils cherchent à les tromper et à les séduire en exagérant leurs maux, en égarant leur esprit sur la cause de ces maux, en les abusant encore davantage sur les moyens d'y remédier. C'est ainsi que l'on excite les pauvres contre les riches, et c'est ainsi que l'on parvient souvent à rendre formidable par le nombre un parti d'abord faible et formé dans l'intérêt d'un petit nombre de personnes.

Pour éviter ce résultat funeste, je m'adresse d'abord à ceux que l'on veut séduire, et je leur dis : Ouvrez les yeux, consultez l'expérience, écoutez votre conscience et votre raison. Ceux qui vous sollicitent peuvent-ils vous donner ce qu'ils vous promettent ? Ceux qui, avant eux, ont fait les mêmes tentatives, l'ont-ils jamais donné ? Est-ce pendant les luttes civiles et les désordres qui les accompagnent que vous avez été plus heureux ? Est-ce après les révolutions que vous êtes devenus plus riches ? Si vous êtes obligés de répondre *non* à toutes ces questions, gardez-vous bien d'entrer dans le parti où l'on veut vous attirer.

Je m'adresse aux citoyens amis de l'ordre et je leur dis : Attachez-vous avec zèle et persévérance à combattre les écrits et les paroles que l'on adresse aux classes indigentes ; faites-leur voir la fausseté et l'impossibilité des promesses qu'on leur fait ; mais ne vous bornez pas à les éclairer et à les instruire ; donnez à vos paroles un auxiliaire puissant, joignez-y les actions ; — venez au secours des personnes qui éprouvent des besoins ; faites tout ce qu'il est en votre pouvoir de faire pour soulager la misère et pour la prévenir ; employez surtout pour y parvenir des moyens qui agissent sur le moral autant que sur le physique des indigents ; faites-leur voir, en les assistant, qu'ils sont de la même société, de la même nation, de la même cité, chrétiennement de la même famille que ceux qui viennent à leur secours. Ils en tireront facilement la conséquence qu'ils doivent agir comme membres de cette famille, comme citoyens de cette cité et de cette nation, comme membres de cette société ; qu'ils doivent les soutenir autant que cela sera en leur pouvoir, et qu'ils doivent se garder avec soin de les attaquer et de chercher à les détruire. C'est ainsi que vous réussirez infailliblement à empêcher ceux qui souffrent d'entrer dans les partis et dans les complots où l'on cherche à les entraîner.

J'ai accompli, dans les limites de mes forces et de mon pouvoir, la tâche que je m'étais imposée, et il ne me reste plus qu'à résumer, dans la conclusion de cet écrit, ce que j'ai cherché à établir et à prouver.

CONCLUSION.

Sommes-nous dans un état heureux et prospère, et l'avenir nous promet-il d'augmenter encore ce bonheur et cette prospérité?

Sommes-nous, au contraire, dans un état de malaise et de souffrances, et ne craignons-nous pas pour l'avenir des malheurs plus grands encore, et qui menacent la société d'une entière destruction?

Voilà les questions que j'adresse à tous les Français.

A ceux qui répondent qu'ils sont contents du présent et qu'ils espèrent tout de l'avenir, je puis seulement dire qu'ils s'endorment dans une dangereuse sécurité, et que je les exhorte à réfléchir mûrement sur l'état du pays avant de s'y abandonner entièrement; au surplus, je crois que le nombre de ces personnes est bien petit.

A ceux qui répondent qu'ils souffrent du présent et qu'ils redoutent encore plus l'avenir, je dis : Vous avez à choisir entre deux manières d'agir ; la première consiste à vous résigner et à attendre soit de la Providence, soit de la fatalité, le remède aux maux que vous éprouvez et l'éloignement de ceux que vous craignez ; la seconde consiste à faire tous vos efforts pour sortir de la situation que vous trouvez mauvaise et pour ne pas tomber dans celle que vous redoutez, pour aider et seconder la Providence ou pour résister à la fatalité.

Le choix entre ces deux modes d'action si différents dépend nécessairement de l'opinion que l'on s'est formée sur la possibilité ou l'impossibilité de remédier au mal présent et d'éviter le mal à venir.

Je crois avoir prouvé que les maux dont on se plaint et les maux que l'on redoute ne proviennent ni du territoire, ni du sol de la France, ni de la constitution physique et morale de ses habitants, ni de l'état de son industrie, de son commerce, de ses arts, de ses richesses, de ses connaissances, de ses forces et de son courage.

Je crois avoir prouvé, au contraire, que toutes ces qualités désirables et tous ces avantages précieux se trouvaient réunis au plus haut degré dans notre patrie.

J'ai conclu de ces vérités que les maux du présent et les dangers de l'avenir n'étaient ni incurables ni inévitables, et que par conséquent il ne fallait s'abandonner ni au désespoir ni à la simple résignation.

En cherchant la cause du mal pour en trouver ensuite le remède, j'ai reconnu que cette cause existait uniquement et exclusivement dans les partis politiques qui divisent les Français et dans l'esprit qui anime ces partis.

J'ai cherché à faire passer ma conviction dans la conscience de mes concitoyens en exposant successivement ce que sont les partis et ce qu'est l'esprit de parti ; en disant combien il existe de partis en France ; en indiquant ce qu'ils veulent ; en montrant de quelle manière ils agissent ; en montrant également les faits et les conséquences qui suivent leur conduite ; en disant pourquoi les suites et les conséquences de leur conduite et de leurs actions étaient contraires à leurs désirs et à leurs projets.

Cherchant ensuite les moyens d'éviter les dangers et d'adoucir les maux qui résultent de l'existence des partis, de leur esprit et de leurs actions, je crois les avoir trouvés et je les précise de la manière suivante :

Il faut d'abord résister au Parti Socialiste qui veut détruire et changer la totalité des bases sur lesquelles repose l'état social actuel ; il faut faire prévaloir les principes d'ordre et de conservation qui ne repoussent ni les améliorations ni le progrès.

Pour faire cette résistance avec succès, il faut abandonner absolument et sincèrement tout espèce de parti qui, tout en désirant cet ordre et cette conservation, croit qu'il les obtiendra en changeant brusquement les institutions et les personnes qui forment maintenant le gouvernement de la France. Il faut se rattacher à ce gouvernement et à ces institutions avec la conviction que si elles étaient renversées, nous tomberions dans un abîme de maux. Il faut s'abstenir de toute parole, de tout écrit, de toute action qui ne serait pas conformes à la Constitution et aux lois qui existent maintenant. Il ne faut chercher que dans cette seule Constitution, et dans ces seules lois, les occasions et les moyens d'appeler et d'introduire les modifications et les changements que l'on croit utiles et nécessaires au pays et à soi-même.

Il faut enfin faire momentanément abnégation de toute affection et de tout intérêt personnel et particulier pour ne songer qu'à l'intérêt général, par le motif aussi certain que péremptoire que cet intérêt général est en péril et que, s'il succombe, tous les intérêts particuliers seront engloutis avec lui.

Voilà ce que chaque citoyen doit faire pour lui et envers lui ; voici maintenant ce qu'il doit faire à l'égard des autres :

S'il possède des biens, des talents ou des connaissances qui lui permettent de venir au secours des misères physiques et morales qui affligent ses concitoyens, il doit employer toutes ses forces et multiplier ses efforts pour faire disparaître ou pour adoucir ces misères et les souffrances qui en résultent. L'assistance et la prévoyance publiques et privées ne sont pas plus en politique qu'en religion de vains préceptes et de vaines prescriptions que l'on puisse braver impunément. C'est de leur exécution que dépendent la prospérité ou la décadence, la vie ou la mort des nations et des États.

S'il ne possède pas de biens ; s'il éprouve lui-même les malheurs et les besoins de la misère, il peut sans doute, il doit même réclamer l'assistance, mais il doit le faire dans les limites des lois. Ce n'est pas en méprisant ces lois, ce n'est pas en employant la violence, ce n'est pas en se livrant au pillage et à la destruction que l'indigent pourra jamais adoucir son sort. S'il en obtenait un avantage passager, il retomberait bientôt dans un état bien plus déplorable que celui dans lequel il était auparavant.

Chaque citoyen doit encore, dans la sphère de ses relations et de ses habitudes, et suivant l'étendue de ses facultés intellectuelles, s'appliquer sans cesse à avertir, à instruire et à éclairer tous ceux qui sont exposés à l'erreur et à la séduction.

Me dira-t-on que j'impose à tout le monde une vie d'abnégation de soi-même, de sacrifices et de travaux qui est impossible à l'homme, ou qui serait pire que les maux et les dangers auxquels je prétends le soustraire ?

Je répondrai qu'il ne s'agit pas ici de comparer des sacrifices, des soins et des travaux pour choisir les plus légers et les plus faciles, et qu'il ne s'agit pas non plus d'exagérer les difficultés et de déclarer impossible ce qui n'est que difficile ou contrariant.

Il s'agit de l'existence, il s'agit de la vie de l'État et des citoyens. C'est dans cette supposition, que je crois d'une vérité absolue, que j'écris ; c'est dans cette supposition que je propose, pour protéger et conserver cette existence et cette vie, des moyens que je ne crois sans doute pas exempts de travail, de soins et de contrariétés, mais que je ne crois pas non plus et qui ne sont pas en réalité impossibles, ni même d'une immense difficulté ; des moyens que je crois bien moins pénibles, bien moins onéreux et surtout biens moins immoraux et bien moins criminels que ceux qui sont employés sous nos yeux et chaque jour par l'esprit de parti, dans l'intérêt des partis et contre l'intérêt général ou particulier de la nation et des citoyens.

S'il s'agissait d'une chose moins grave et d'une importance légère, je dirais à ceux qui font l'objection, et avec le poète latin :

> . . . . . . *Si quid novisti rectius istis,*
> *Candidus imperti : si non, his utere mecum.*

Mais il s'agit, je le répète, de tout ce que nous pouvons concevoir de plus grave et de plus important. Il s'agit de savoir si nous conserverons notre civilisation et notre organisation sociale; il s'agit de savoir si nous conserverons notre religion, notre famille, nos biens, notre liberté, en un mot tout ce qui tient à notre existence et à notre bonheur. Je ne peux donc finir par une parole légère ou indifférente, et je termine, au contraire, en suppliant, en conjurant, en adjurant tous mes concitoyens de réfléchir avec la plus scrupuleuse attention sur l'état dans lequel ils voient la patrie, de juger cet état et ce qu'on peut en attendre, sans prévention et sans préjugés; d'examiner avec les mêmes soins et les mêmes sentiments les moyens que je propose pour obvier aux maux et pour éviter les dangers, de prononcer leur jugement définitif, et principalement d'exécuter, et d'exécuter sans hésitation et sans retard, la décision qu'ils auront adoptée.

www.ingramcontent.com/pod-product-compliance
Lightning Source LLC
Chambersburg PA
CBHW051722050726
47598CB00003B/1013